Inhalt

Energie aus Brennstoffzellen - die Energieversorgung der Zukunft?

Kernthesen

Beitrag

Fallbeispiele

Weiterführende Literatur

Impressum

GENIOS WirtschaftsWissen Nr. 12/2005 vom 01.12.2005

Energie aus Brennstoffzellen - die Energieversorgung der Zukunft?

I.Zeilhofer-Ficker

Kernthesen

- Die Energiegewinnung aus Wasserstoff über Brennstoffzellen wird als umweltfreundlich angesehen, da als Abfallprodukt nur Wasser(dampf) entsteht.
- Autobauer setzen schon seit Jahren auf Brennstoffzellen als Antriebsart der Zukunft, konnten aber bisher noch keine serienreifen Fahrzeuge präsentieren.
- Weniger bekannt ist, dass Brennstoffzellen als Heizungs- und Stromlieferant für

Gebäude und Wohnviertel aber auch für mobile Kleingeräte wie Handys und Notebooks eine große Zukunft vorausgesagt wird.
- Wegen der hohen Entwicklungskosten und der fehlenden Infrastruktur wird es wohl noch mindestens zehn Jahre dauern, bis die Brennstoffzelle in Großserien produziert und verkauft werden kann.

Beitrag

Umweltfreundliche Energie aus Wasser ohne Abgase und unerschöpflich das verspricht die Stromgewinnung über Brennstoffzellen. Bevor diese alternative Energie aber zu erschwinglichen Preisen verfügbar sein wird, vergehen noch einige Jahre.

Die Technik

Der Physiker William Grove entdeckte vor über 150 Jahren, dass bei der Vereinigung von Wasserstoff und Sauerstoff Elektrizität erzeugt wird. Diese Entdeckung wurde interessant, als man für Raumstationen und Satelliten eine unabhängige aber zuverlässige Stromversorgung suchte. Seit rund zehn

Jahren hat sich nun die Forschung an der Brennstoffzellen-Technologie für die verschiedensten Einsatzbereiche intensiviert. (1) (ibz-info.de)

In einer Brennstoffzelle sind Wasserstoff und Sauerstoff durch einen Elektrolyten voneinander getrennt und tauschen über einen elektrischen Leiter Elektronen aus. Strom fließt und Wärme wird abgegeben. Als Reaktionsprodukt von Wasserstoff und Sauerstoff entsteht reines Wasser - eine rundum umweltfreundliche Art der Energieerzeugung. (2)

Allerdings sind zur Gewinnung von Wasserstoff aus Wasser große Mengen an Energie erforderlich. Wirklich umweltfreundlich ist die Brennstoffzellentechnologie deshalb nur, wenn Wasserstoff mit Hilfe von regenerativen Energien wie Sonne oder Wind erzeugt wird. In der Praxis wird heute ein hoher Anteil des industriell benötigten Wasserstoffs aber aus Erdgas gewonnen. (1)

Die Leistung einer einzelnen Brennstoffzelle ist aufgrund elektrochemischer Gesetze auf ein Volt Spannung beschränkt. Um höhere Spannungen zu erreichen, werden viele Zellen zu einem Stapel (Stack) zusammengeschaltet. Grundsätzlich unterscheidet man die Typen von Brennstoffzellen nach der Art des verwendeten Elektrolyten. Während beispielsweise bei der Festoxidbrennstoffzelle (SOFC) ein

Keramikelektrolyt im hohen Temperaturbereich (900 bis 1000 Grad Celsius) im Einsatz ist, hat die Polymerelektrolytbrennstoffzelle (PEMFC) eine Polymermembran und arbeitet bei Temperaturen von ca. 60 bis 90 Grad Celsius.

Einsatzbereiche

Viele haben von der Brennstoffzellentechnologie schon gehört, weil einige Autobauer sie vor rund zehn Jahren schon zur Antriebsart der Zukunft erklärten. Bis 2005 also bis heute wollte man das Brennstoffzellenauto zur Serienreife entwickelt haben. Mittlerweile musste man feststellen, dass wahrscheinlich noch weitere zehn bis fünfzehn Jahre ins Land gehen werden, bevor das Brennstoffzellenfahrzeug tatsächlich produktionsreif sein wird. Aber es gibt sie schon die Brennstoffzellenautos. Weltweit sollen schätzungsweise bereits über 500 Versuchsfahrzeuge unterwegs sein, weitere sind geplant. (3), (4), (5)

Weit weniger bekannt ist, dass auch bereits für die Energieversorgung von Gebäuden und ganzen Wohnvierteln Brennstoffzellen-Anlagen im Versuchsbetrieb laufen. Schon seit Anfang 2005 werden in Krefeld 40 Häuser mit Heizung und Warmwasser im Winter, im Sommer sogar 300

Häuser mit Warmwasser durch eine Brennstoffzellen-Anlage versorgt. Diese Versuchanlage konnte nur durch finanzielle Unterstützung der Industrie realisiert werden. Man erwartet sich wertvolle praktische Erfahrungen durch den Versuchsbetrieb. (1)

Über hundert Brenstoffzellen-Geräte die mit Erdgas betrieben werden, liefern bereits in Wohnhäusern und Gewerbebetrieben Strom und Wärme. Mit einem Stückpreis von 20 000 bis 30 000 Euro sind diese Geräte allerdings noch lange nicht konkurrenzfähig. Die Kostensenkung hat deshalb in der Weiterentwicklung höchste Priorität. Man glaubt, bis zum Jahr 2010 Marktreife zu wettbewerbsfähigen Stückpreisen erreichen zu können. (6), (7), (8)

Schon in den nächsten zwei bis drei Jahren sind Brennstoffzellen als Akku-Ersatz für Handys, Notebooks und andere Kleingeräte zu erwarten. Hier ist die Entwicklung am Weitesten fortgeschritten. Ob als Treibstoff Methanol oder Natriumborhydrid verwendet wird, sollte für den Nutzer keine große Rolle spielen. Wichtig ist, dass die Batterie-Ersatz-Brennstoffzellen ein Mehrfaches an Energie als konventionelle Batterien bei gleichen Kosten liefern werden. (9), (10)

Der große Wirkungsgrad von Brennstoffzellen ist das

größte Plus dieser Aggregate. Deshalb laufen Versuche in vielen weiteren Anwendungsbereichen, z. B. als Antrieb von U-Booten oder Bussen, für Mobilfunkanlagen oder als Hilfsstromversorgung. Je ausgereifter die Technik wird, desto mehr Einsatzmöglichkeiten werden zu finden sein. (1), (11)

Probleme und offene Fragen

Bevor sich die Brennstoffzelle als Energielieferant durchsetzen wird, sind noch eine Reihe von Problemen zu lösen. Das wichtigste sind sicher die Kosten, die wegen der hohen Forschungsaufwendungen und der kleinen Stückzahlen heute noch nicht auf einen wettbewerbsfähigen Stand angekommen sind. Ein weiteres Problem stellt die Speicherung von Wasserstoff dar. Das kleinste aller Atome ist nicht nur hochexplosiv, sondern kann auch durch feste Materialien hindurch entweichen. Reiner Wasserstoff muss deshalb unter hohem Druck oder bei Minus 253 Grad Celsius gelagert werden, was schon rund ein Drittel der Wasserstoff-Energie aufbraucht. Da Methanol als Speichermedium auch nicht optimal ist, sucht man nach neuen Speicherformen, wie z. B. Feststoffspeicher mit Metallen oder organischen

Molekülen. (11)

Da Wasserstoff egal in welcher Form viel Speicherplatz braucht, der in Fahrzeugen nur begrenzt vorhanden ist, ist die Reichweite von Brennstoffzellenautos noch unbefriedigend. In Stadtbussen, die sich nicht weit von der Wasserstofftankstelle entfernt bewegen, ist der Einsatz gut möglich. Da es allerdings erst vereinzelt Möglichkeiten zum Tanken von Wasserstoff gibt, ist der Aufbau eines Tankstellennetzes dringend erforderlich. Damit der Brennstoffzellenantrieb unter realen Bedingungen getestet werden kann, sollen als erster Schritt an dem 1800 km langen Autobahnring zwischen Berlin, Leipzig, München, Stuttgart, Köln und Hannover 35 Wasserstoffzapfsäulen errichtet werden. Die Finanzierung dieser rund 30 Millionen Euro teuren Investition ist allerdings noch nicht gesichert. (1), (12)

Fallbeispiele

Der von süddeutschen Ingenieuren ehrenamtlich geschaffene Hysun3000 hat mit nur 3,3 kg Wasserstoff betrieben die immerhin 3000 km lange

Strecke von Berlin nach Barcelona zurückgelegt. Auch wenn der Hysun3000 nur eine Person transportieren kann, ist er doch ein eindrucksvolles Beispiel dafür, welche Reichweiten schon heute mit Brennstoffzellen-Autos erreicht werden können. (15)

Das Opel-Testfahrzeug Zafira kann mit knapp fünf Kilogramm Wasserstoff in den Tanks immerhin bis zu 400 Kilometer zurücklegen. Auch das Mercedes-Benz Fahrzeug F600 Hygenius erreicht mit einer Tankfüllung bei einer Leistung von 82 PS 400 Kilometer. (4), (16)

15 Hot Modules Blockheizkraftwerke mit Hochtemperatur-Brennstoffzellen hat die MTU CFC Solutions GmbH, Ottobrunn bereits installiert. Diese Kraftwerke arbeiten hauptsächlich mit Bio-, Klär-, Gruben- oder Deponiegas und eignen sich so ausgezeichnet für den Einsatz in Klärwerken. (17)

Für Wohnhäuser gibt es bei der Schweizer Firma Sulzer Hexis die Anlage Galileo, die bis zum Jahr 2008 zumindest zum seriennahen Modell reifen soll. (17)

Weiterführende Literatur

(1) Offen für Innovation - Eine Serie in brand eins - Blechsalat mit Öl-Ersatz

aus brand eins, Heft 8/2005, S. 45-52

(2) Strom serienreif
aus Gefahrgut, Heft 06/2005, S. 16-18

(3) Mit Verspätung in die Zukunft
aus Süddeutsche Zeitung, 15.10.2005, Ausgabe Deutschland, S. V1/2

(4) Exklusiv-Interview mit Dr. Udo Winter, Entwicklungsleiter Brennstoffzellen-Antrieb, Adam Opel AG - Jetzt auf Serienkosten trimmen
aus AUTOMOBIL ELEKTRONIK, Heft 4/2005, S. 20-21

(5) Wasserstoffantrieb weiter nur Kongressthema
aus www.powernews.org Meldung vom 10.06.2005 - 13:26

(6) Weckbrodt, Heiko, Projektverbund „EKO-SOFC" in Dresden gegründet: Sächsische Brennstoffzelle für das Eigenheim, LVZ/Leipziger-Volkszeitung, 19.10.2005, S. 7
aus www.powernews.org Meldung vom 10.06.2005 - 13:26

(7) Sulzer Hexis gewinnt Brennstoffzellen-Preis
aus www.powernews.org Meldung vom 22.09.2005 - 13:36

(8) Die Brennstoffzelle braucht noch viel staatliche Hilfe
aus Stuttgarter Zeitung, 27.09.2005, S. 14

(9) Wasserstoffantrieb für ein Handy kostet zwischen einem und zwei Euro Brennstoffzelle ist ab 2007 produktionsreif
aus Computer Zeitung, Heft 45, 2005, S. 16

(10) Power für unterwegs wird in Geräte integriert So funktioniert TAN-Evolution
aus Computer Zeitung, Heft 41, 2005, S. 22

(11) Der Stoff, aus dem die Träume sind
aus Süddeutsche Zeitung, 09.11.2005, Ausgabe Deutschland, S. 10

(12) Braun, Christian, Warum Jules Verne an Wasserstoffherstellern Freude hätte, Finanz und Wirtschaft, 04.05.2005, S. 29
aus Süddeutsche Zeitung, 09.11.2005, Ausgabe Deutschland, S. 10

(13) 2008 kommt die keramische Brennstoffzelle für das Auto
aus AUTOMOBIL ELEKTRONIK, Heft 4/2005, S. 32-33

(14) Vom Damenhut in die Wasserstoffbatterie Aus Pilzen und Mikroben entwickeln britische Wissenschaftler eine neue und kostengünstige Technik für winzige Brennstoffzellen
aus Financial Times Deutschland vom 07.11.2005, Seite 33

(15) Ein Ei auf vier Rädern Gelenkköpfe und Kunststoff-Gleitlager machen Wasserstoff-Fahrzeug

mobil
aus Der Konstrukteur, Heft 09/2005, S. 70

(16) Hartmann, Peter, Energie besser genutzt
Mercedes hat im F600 Hygenius die Brennstoffzelle verbessert, Mitteldeutsche Zeitung vom 12.11.2005
aus Der Konstrukteur, Heft 09/2005, S. 70

(17) Am Brennstoffzellenmarkt steigt die Temperatur
aus www.powernews.org Meldung vom 02.05.2005 - 16:35

Impressum

Energie aus Brennstoffzellen - die Energieversorgung der Zukunft?

Bibliografische Information der deutschen Nationalbibliothek

Die Deutsche Nationalbibliothek verzeichnet diese Publikation in der deutschen Nationalbibliografie; detaillierte bibliografische Daten sind im Internet über http://dnb.d-nb.de abrufbar.

ISBN: 978-3-7379-1458-1

© 2015 GBI-Genios Deutsche Wirtschaftsdatenbank GmbH, Freischützstraße 96, 81927 München, www.genios.de

Alle Rechte vorbehalten. Dieses Werk ist einschließlich aller seiner Teile – z.B. Texte, Tabellen und Grafiken - urheberrechtlich geschützt. Jede Verwertung außerhalb der Grenzen des Urheberrechtsgesetzes bedarf der vorherigen Zustimmung des Verlags. Dies gilt insbesondere auch für auszugsweise Nachdrucke, fotomechanische Vervielfältigungen (Fotokopie/Mikroskopie), Übersetzungen, Auswertungen durch Datenbanken oder ähnliche Einrichtungen und die Einspeicherung und Verarbeitung in elektronischen Systemen.